目 录

一、什么是食用农产品合格证？

为落实食用农产品生产经营者的主体责任，健全产地准出制度，保障农产品质量安全，根据《中华人民共和国农产品质量安全法》等法律法规，农业部出台了《食用农产品合格证管理办法（试行）》。

食用农产品合格证（以下简称“合格证”）是指食用农产品生产经营者对所生产经营食用农产品自行开具的质量安全合格标识。食用农产品合格证视同于产地证明、购货凭证和合格证明文件。

县级以上农业（含畜牧兽医、渔业，下同）行政主管部门及所属的农产品质量安全监督管理机构负责合格证的推动、指导和服务工作。鼓励各地根据实际情况，建立本辖区内开具合格证的食用农产品生产经营者名录。

编号：20161104000001

食用农产品合格证

产品名称：　大白菜
产品重量：　500kg
生产者名称：都江堰市蔬菜质量安全联盟
生产者地址：四川省都江堰市驾虹乡金虹村
联系电话：　185****9943
确保合格方式：内部质量控制合格
开具日期：　2016-11-04
生产者盖章或签名：

食用农产品合格证综合管理平台
版权所有：成都逸成职业技能培训中心

注：1.“生产者”一栏需填写名称、地址、联系电话等信息。

2.“确保合格的方式”指自检合格、委托检测合格、内部质量控制合格、自我承诺合格中的一种或多种。

二、推广食用农产品合格证管理的重要意义

当前，我国农产品生产经营主体数量庞大、主体责任意识淡薄、基层监管力量薄弱、食用农产品生产经营不规范等问题尚未得到根本解决。建立与市场准入制度相衔接的食用农产品合格证管理制度，推动生产经营者采取一系列质量控制措施，确保其生产经营的农产品质量安全，并以合格证的形式做出明示保证，有利于规范食用农产品生产经营行为，有利于形成有效的倒逼机制，这既是落实生产经营主体责任的迫切需要，也是构建农产品质量安全长效监管机制的现实需求，更是落实《农产品质量安全法》的必然选择，对于促进农业产业健康发展、

确保农产品消费安全具有重大意义。

三、推广食用农产品合格证的背景

2016 年 3 月 1 日，食品药品监管总局出台的《食用农产品市场销售质量安全监督管理办法》正式施行。该办法明确指出，食用农产品进入集中交易市场必须提供两个要件：一是食用农产品产地证明或者购货凭证，二是合格证明文件。无法提供的，必须进行抽样检验或者快速检测，合格方可进入市场销售。按照《农业部食品药品监管总局关于加强食用农产品质量安全监督管理工作的意见》的要求，农业部门和食品药品监管部门应共同建立以食用农产品质量合格为核心内容的产地准出管理与市场准入管理衔接机制，其中规定的“产地证明和合格证明文件”是食药部门提出的食用农产品入市要求。

对于绝大多数农产品生产经营者，“农产品产地证明和合格证明”已正式成为食用农产品走上市场进行销售的“入场券”。食用农产品上市销售要用“入场券”，可广大农业生产经营者应该怎么领“入场券”，去哪里领？这显然是一个大问题！

以往的产地证明关注的是产品来源，而合格证明强调的是检测合格。现实中，只有组织化程度较高的部分农业生产企业、现代化农场或农民专业合作社能够做到自检或送检，将快速自检报告或送检产品检测报告用于入市凭证。然而，对于量大面广、分散经营的食用农产品，以‘检测’为手段提供的‘合格证明’显然是高成本、低效能、难以全覆盖的一种模式，生产经营主体参与的积极性不高，难以满足食用农产品批发、零售市场管理和政府监管的需要，更难以实现食用农产品生产经营主体全覆盖。

在当前农产品生产经营条件下，食用农产品管理的一个基本目标，就是实现每批上市销售的农产品附带一个合格证，而且是由生产经营主体自己出具的合格证。食用农产品合格证上既标识了产地信息或来源，又标示了合格状况，完全可以满足《食用农产品市场销售质量安全监督管理办法》规定的入市要求。根据当前农产品生产与管理的现状，证明农产品是否合格，可允许采取检测或承诺两类形式。有条件的可选择自检或委托检测的方式标示合格，没条件的可选择自我承诺或协议承诺。承诺合格就是要变被动检测为主动声明，有利于逐步提高广大生产经营主体的安全责任意识。由生产经营者出具的食用农产品合格证，其实就是食用农产品生产经营者对外的质量声明，是面向全社会消费者的郑重承诺。

四、什么叫农产品质量安全？

农产品质量安全，是指农产品质量符合保障人的健康、安全要求。农产品质量安全标准是强制性的技术规范；市场上销售的农产品必须符合农产品质量安全标准；禁止生产、销售不符合国家规定的农产品质量安全标准的农产品。符合这种标准的农产品通常称为无公害农产品，等同于其他国家的安全农产品。农产品质量既包括涉及人体健康、安全的安全性要求，也包括涉及产品的营养成分、口感、色香味等品质指标的非安全性要求。“安全性要求”需要由法律规范，实行强制监管来保障，如有害重金属元素含量、农兽药残留、致病微生物等。对于“非安全性要求”，有部分指标需要法规标准规范，如生鲜奶蛋白质含量、油料作物脂肪含量等。多数口感、色香味指标没有法规标准规范，需要通过生产者树立产品品牌、全社会评价和消费者认可来决定。

农产品质量安全标准是指依照有关法律、行政法规的规定制定和发布的农产品质量安全强制性技术规范。一般是指规定农产品质量要求和卫生要求，以保障人的健康、安全的技术规范和要求。如农产品中农药、兽药等化学物质的残留限量，农产品中重金属等有毒有害物质的允许量，致病性寄生虫、微生物或者生物毒素的规定，对农药、兽药、添加剂、保鲜剂、防腐剂等化学物质的使用规定等。农产品质量安全标准，是农产品质量安全监管的重要执法依据，也是支撑和规范农产品生产经营的重要技术保障。

五、食用农产品市场准入产地证明或者购货凭证、合格证明文件具体指哪些文件？

1. 食用农产品生产企业或者农民专业合作经济组织及其成员生产的食用农产品，由本单位出具产地证明；其他食用农产品生产者或者个人生产的食用农产品，由村民委员会或者乡镇政府等出具产地证明。

2. 无公害农产品、绿色食品、有机农产品以及农产品地理标志等食用农产品标志上所标注的产地信息，可以作为产地证明。

（1）无公害农产品：无公害农产品是指产地环境。生产过程和产品质量符合国家有关标准和规范的要求，经认证合格获得认证证书并允许使用无公害农产品标志的未经加工或者初加工的食用农产品。如：四川天禾粮油有限公司的玉米、小麦、大米，钟山县昱成水果种植专业合作社的柑桔。

无公害农产品证书

经农业部农产品质量安全中心审定，该获证单位生产的产品符合无公害农产品相关标准要求，准予在产品或产品包装标识上使用无公害农产品标识，特颁此证。

获证单位：钟山县昱成水果种植专业合作社
通讯地址：广西钟山县钟山镇兴钟南路40号
产地地址：广西钟山县钟山镇榕马村
产品名称：柑桔
批准产量：3185.56吨
证书编号：WGH-15-08895
有效期限：2015.10.30-2018.10.29

签发人

（2）绿色食品：绿色食品是指产自优良生态环境，按照绿色食品标准生产，实行全程质量控制并获得绿色食品标志使用权的安全、优质食用农产品及相关产品。如：文县花海冬枣专业合作社的阴平冬枣。

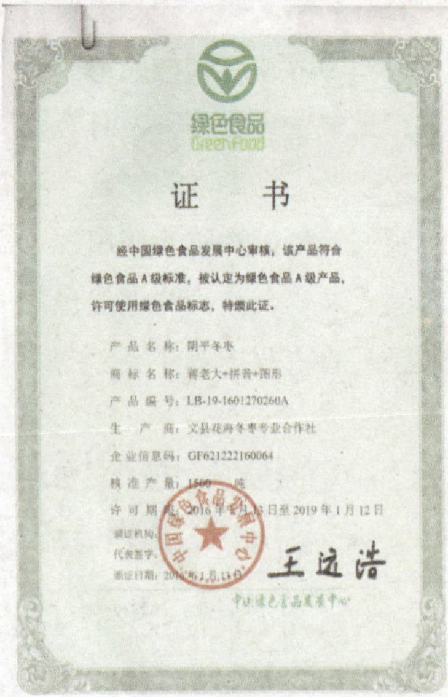

绿色食品
GreenFood

证 书

经中国绿色食品发展中心审核，该产品符合绿色食品A级标准，被认定为绿色食品A级产品，许可使用绿色食品标志，特颁此证。

产品名称：阴平冬枣
商标名称：蒋老大+拼音+图形
产品编号：LB-19-1601270260A
生产商：文县花海冬枣专业合作社
企业信息码：GF621222160064
核准产量：1500 吨
许可期限：2016年 日至2019年1月12日
颁证机构：
代表签字：
颁证日期：

中国绿色食品发展中心

（3）有机食品：有机食品指来自于有机农业生产体系，根据国际有机农业生产要求和相应的标准生产加工的，并通过独立的有机食品认证机构认证的农副产品，包括粮食、蔬菜、水果、奶制品、禽畜产品、蜂蜜、水产品、调料等。如：赣州龙灵农场种植的有机脐橙。

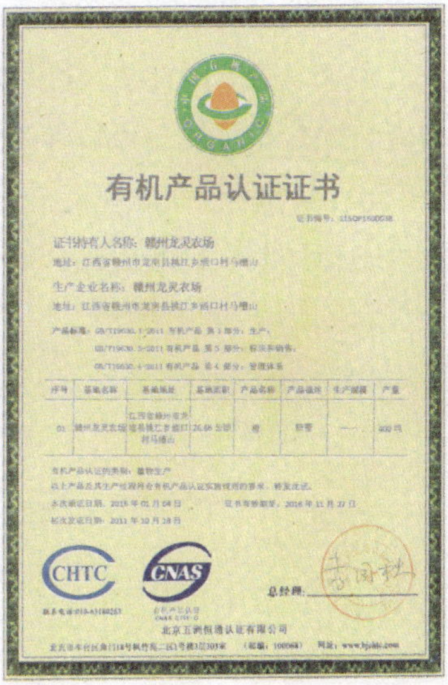

（4）农产品地理标志：农产品地理标志是指标志农产品来源于特定地域，产品品质和相关特征主要取决于自然生态环境和历史人文因素，并以地域名称冠名的特有农产品标志，如“小金苹果”、“长寿大米”、

"茅岩莓茶"。此处所称的农产品是指来源于农业的初级产品，即在农业活动中获得的植物、动物、微生物及其产品。

3. 供货者提供的销售凭证、销售者与供货者签订的食用农产品采购协议，可以作为食用农产品购货凭证。

4. 有关部门出具的食用农产品质量安全合格证明或者销售者自检合格证明等可以作为合格证明文件。

5. 销售按照有关规定需要检疫、检验的肉类，应当提供检疫合格证明、肉类检验合格证明等证明文件。

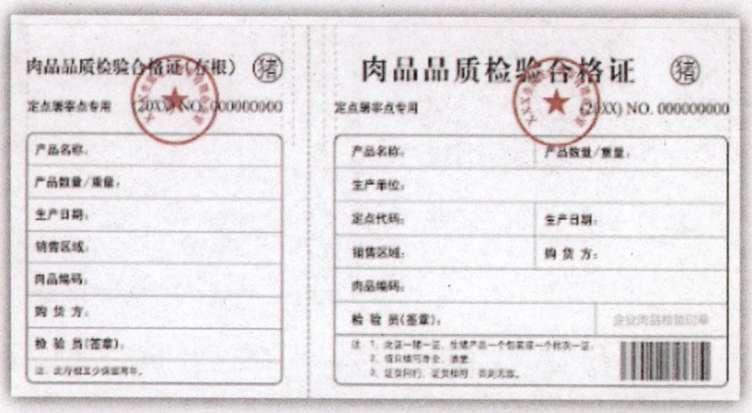

肉品品质检验合格证（存根） 猪

定点屠宰点专用 (20XX) NO. 00000000

产品名称：

产品数量/重量：

生产日期：

销售区域：

肉品编码：

购货方：

检验员（签章）：

肉品品质检验合格证 猪

定点屠宰点专用 (20XX) NO. 00000000

产品名称：	产品数量/重量：
生产单位：	
定点代码：	生产日期：
销售区域：	购货方：
肉品编码：	
检验员（签章）：	

6. 销售进口食用农产品，应当提供出入境检验检疫部门

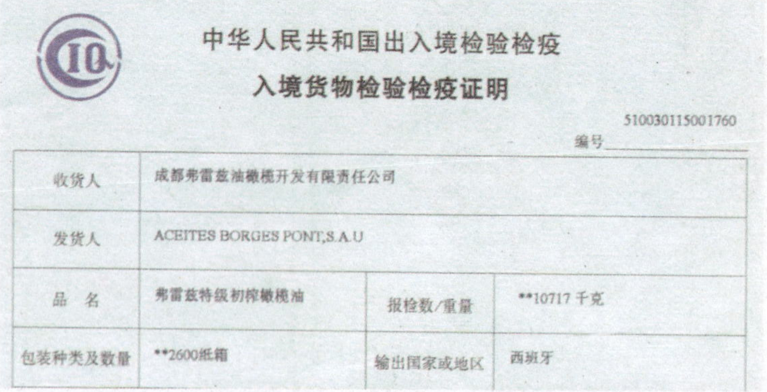

中华人民共和国出入境检验检疫

入境货物检验检疫证明

510030115001760

编号

收货人	成都弗雷兹油橄榄开发有限责任公司		
发货人	ACEITES BORGES PONT,S.A.U		
品　名	弗雷兹特级初榨橄榄油	报检数/重量	**10717 千克
包装种类及数量	**2600纸箱	输出国家或地区	西班牙

出具的入境货物检验检疫证明等证明文件。如成都弗雷兹油橄榄开发有限责任公司从西班牙进口的弗雷兹特级初榨橄榄油。

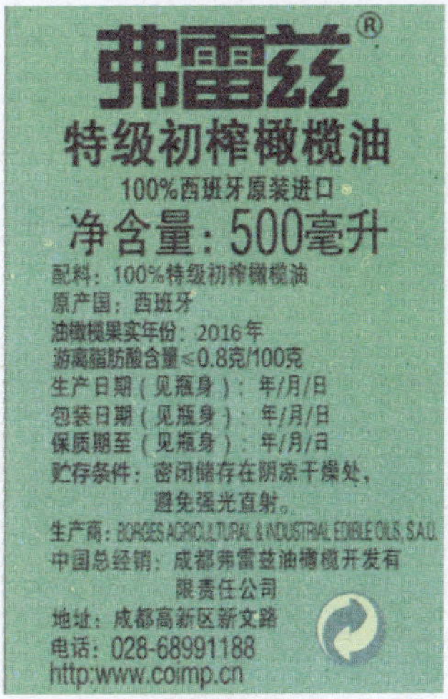

六、食用农产品进货查验

《食品安全法》第六十五条规定，食用农产品销售者应当建立食用农产品进货查验记录制度，如实记录食用农产品名称、数量、进货日期以及供货者名称、地址、联系方式等内容，并保存相关凭证。记录和凭证保存期限不得少于6个月。

销售者采购食用农产品，应当按照规定查验相关证明材料，不符合要求的，不得采购和销售。

实行统一配送销

售方式的食用农产品销售企业，可以由企业总部统一建立进货查验记录制度；所属各销售门店应当保存总部的配送清单以及相应的合格证明文件。配送清单和合格证明文件保存期限不得少于 6 个月。

食用农产品销售者履行了食用农产品进货查验等义务，有充分证据证明其不知道所采购的食用农产品不符合食品安全标准，并能如实说明其进货来源的，可以免予处罚，但应当依法没收其不符合食品安全标准的食用农产品；造成人身、财产或者其他损害的，依法承担赔偿责任。关于食用农产品进货查验记录制度，需要注意几点：一是适用这一制度的主体，包括食用农产品销售企业和个体工商户，但不包括食品摊贩，食品摊贩的具体管理制度适用有关省、自治区、直辖市地方立法的规定。二是需要查验并记录具体事项，包括食用农产品的名称、数量、进货日期以及供货者名称、地址、联系方式等。三是食用农产品经营者除了要做好查验记录外，还要对记录予以保存，并保存相关凭证，二者的保存期限均不得少于 6 个月，6 个月的时间从经营者购进该批产品之日起计算。

七、各级农业部门推进食用农产品合格证管理的重点任务

1. 推动生产经营者规范开具和使用合格证。各级农业部门要推动各类生产经营者按照《食用农产品合格证管理办法（试行）》的要求，规范开具和使用食用农产品合格证，分批组织合格证管理业务培训，加大宣传动员力度，必要时进行现场指导。合格证开具主体应是食用农产品生产经营者，而不是政府相关部门，要坚持“谁开具、谁负责”的原则，强化食用农产

品生产经营者的主体责任，对其生产经营食用农产品的质量安全负责。

2. 统一食用农产品合格证样式。各级农业部门要按照《食用农产品合格证管理办法（试行）》规定的合格证参考样式，推行统一的食用农产品合格证，并逐步替代原有的产地证明、购货凭证和合格证明文件，便于生产经营者操作。

3. 加强食用农产品合格证的指导和服务。各级农业部门要把食用农产品合格证作为对生产经营主体指导和服务的重要内容，督促其规范开具和使用合格证，落实质量安全主体责任。要加强与农产品质量安全监测的有机结合，对于具有合格证的监测不合格样品生产经营主体，要加强督促、指导和教育，及时纠正不负责任虚假开具合格证的行为。

4. 探索食用农产品合格证管理的有效模式。推行食用农产品合格证管理，是农产品质量安全管理一项全新的政策措施。

各级农业部门要结合实际，勇于创新，积极探索食用农产品合格证管理的有效模式，逐步优化部门间协作机制，进一步转变监管方式，全面提升我国农产品质量安全监管能力和水平。

八、食用农产品合格证综合管理平台

1. 农产品生产经营主体及农业投入品销售主体监管平台

（1）农产品生产经营主体及农业投入品销售主体备案

1）确定食用农产品监督管理系统各级人员权限

由市农业局提供各个区、县、乡镇的农经站的单位名称、单位地址、单位联系人、联系电话、所在部门、职务名单——由逸成提供电子表格，市农业局填写完成后，反馈给逸成即可。由逸成负责开通相应权限。

2）各个区、县、乡镇的农经站负责对辖区内所有农产品

生产经营者、农业投入品销售者登记备案

各个农经站负责人负责录入农产品生产经营者、农业投入品销售者的主体基本信息进行实名备案，建立经营者信息数据库，其中：

①农产品企业经营者提供：企业名称、企业地址、联系人、联系方式、营业执照。

②农产品农户经营提供：姓名、种植地址、联系方式、身份证。

③农业投入品销售者提供：企业名称、企业地址、联系人、联系方式、营业执照。

农经站需要将上述信息提供给逸成——由逸成提供电子表格。

（2）编制农产品生产经营主体及农业投入品销售主体的监管地理信息图，明确监管责任

在备案数据的基础上，建立“属地管理、分级负责、全域覆盖、责任到人”的质量安全监管网格地理信息图，通过手机 GPS 定位功能和 GIS 地图展示功能由近到远展示全部农产品、农业投入品生产经营主体信息、监管范围。

（3）质量监管

1）数据查询

监管人员登录“食用农产品合格证管理平台”政府监管PC端，查看权限下的相关农产品生产经营主体数据、农产品生产过程记录、食用农产品合格证信息、农业投入品销售主体审核等。

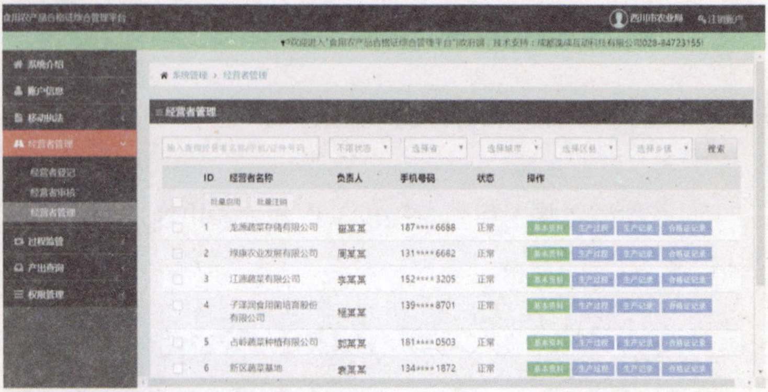

农产品生产经营主体数据查询

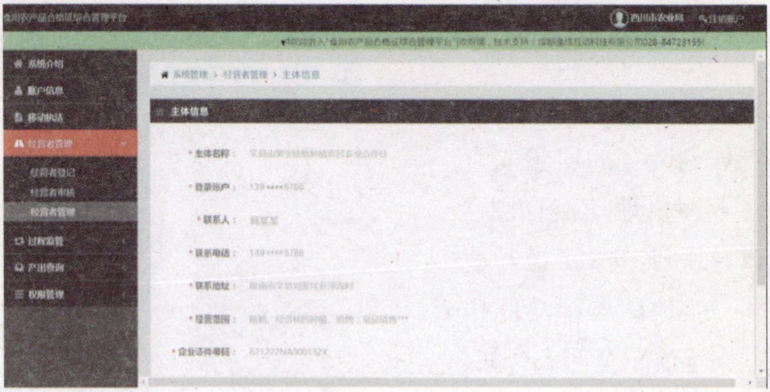

农产品生产经营主体详细信息

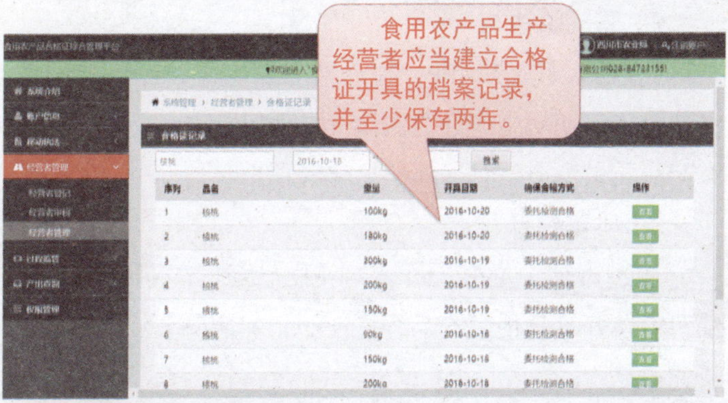

农产品合格证开具记录

食用农产品合格证详细信息

农业投入品销售主体审核

2）移动执法

监管人员登录 APP，输入账号、密码，即可启动移动执法功能，定期对生产经营主体开展现场检查、指导和抽检，将农产品质量安全信息导入信息化管理平台。

3）质量信息展示

通过微信、APP、网络、LED 显示屏展示本地农业生产经营主体开具食用农产品合格证的相关情况。

2. 生产记录管理平台

扫描右图二维码，点击关注“食用农产品合格证”微信公众号，即可进入“食用农产品合格证综合管理平台”微信端，输入账号、密码，即可操作。

（1）农业投入品进货查验记录

农业投入品实行实名销售的，相关信息自动传递，农业生产者购买后登陆“食用农产品合格证综合管理平台”微信端，点击“进货查验”，即可核实种子、农药、肥料、兽药等农业投入品的进货情况，形成进货查验记录。

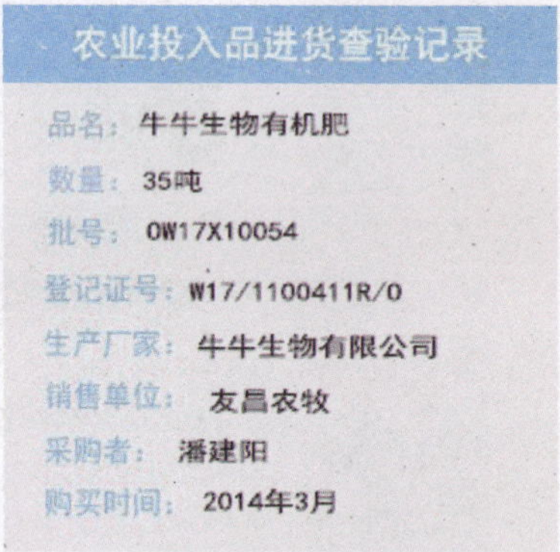
农业投入品进货查验记录

品名：牛牛生物有机肥

数量：35吨

批号：0W17X10054

登记证号：W17/1100411R/0

生产厂家：牛牛生物有限公司

销售单位：友昌农牧

采购者：潘建阳

购买时间：2014年3月

资料不全或者没有实行信息化销售管理的农业投入品，通过微信平台进货查验，即可录入相关信息；文化水平不高者，可以采用手机拍照相关购进凭证和资料上传，系统后台自动识别为文字信息。

（2）田间主要农事操作

通过“食用农产品合格证综合管理平台”日志板块，记录播种、施肥、施药，植物病虫草害的发生和防治情况，农业投入品的用法、用量和使用、停用日期。

（3）养殖及收获记录

通过“食用农产品合格证综合管理平台”日志，记录养殖过程，收获或屠宰时间，停药期、休药期明细，动物疫病防治情况。

田间农事操作记录表

日期：2016-07-07

田块编号：FZC1520

作业品种：猕猴桃

作业面积：52亩

农业投入品（农药、化肥）

名称：磷酸二氢钾

用量：800公斤/52亩

使用方法：撒施

作用：壮果

作业天气：晴

作业人员：潘建阳

出厂销售和检疫情况记录表

出场日期：2016-05-26

品种：芦花鸡

圈舍号：wdc13

数量(头只)：250只

出售动物日龄：52天

销往地点及货主：成都沙西批发市场45号摊位

检疫情况

合格只数：250只

检疫证号：01230513-01270813

检疫员：杜俊

曾使用有停药期要求的药物

药品名称：土霉素片

停药时期动物日龄：46天

经办人：曹雪化

3. 食用农产品合格证管理。

（1）信息录入

登陆“食用农产品合格证综合管理平台”APP端，输入账号密码，进入“食用农产品合格证”板块。

①录入产品名称和重量；

②选择确保合格的方式：自检合格；委托检测合格；内部质量控制合格；自我承诺合格。

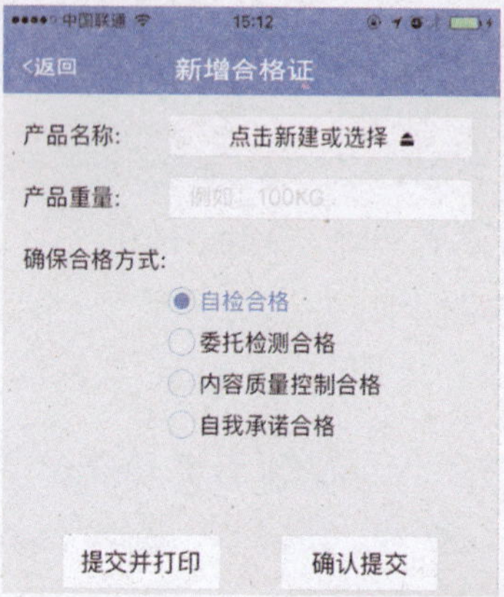

（2）主体信息导入

系统自动根据注册时的信息，将生产经营者的信息（包括名称、地址、联系方式）以及开具日期添加到合格证中。

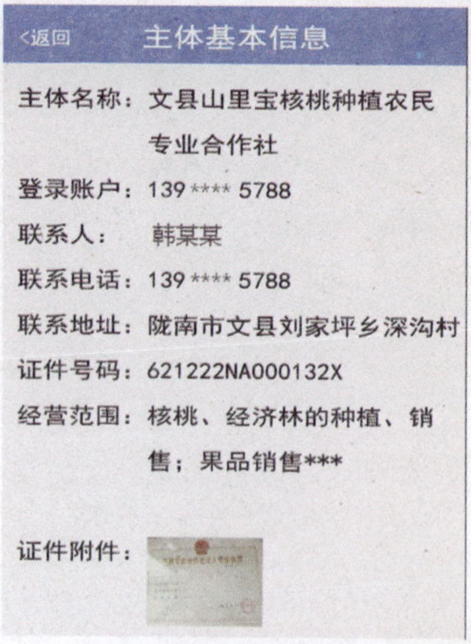

打印出来的纸质版合格证上有农产品信息，还有生产者的主体信息

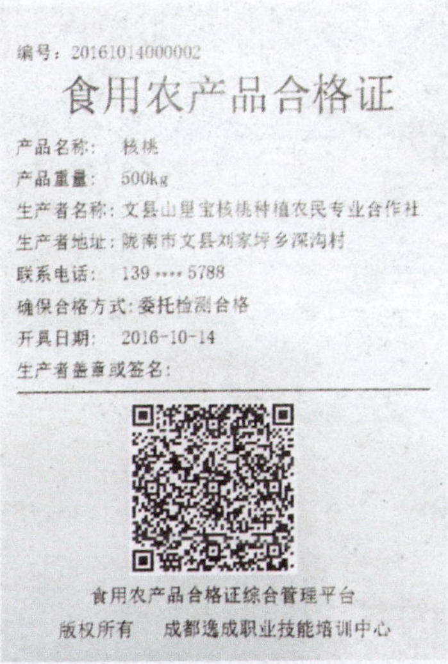
编号：20161014000002

食用农产品合格证

产品名称：　核桃

产品重量：　500kg

生产者名称：文县山里宝核桃种植农民专业合作社

生产者地址：陇南市文县刘家坪乡深沟村

联系电话：　139****5788

确保合格方式：委托检测合格

开具日期：　2016-10-14

生产者盖章或签名：

食用农产品合格证综合管理平台

版权所有　成都逸成职业技能培训中心

扫描食用农产品合格证上的二维码，即可获得合格证的电子版信息。

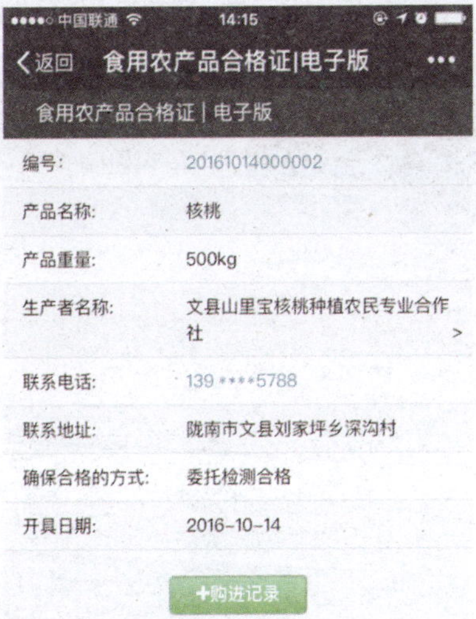

编号：	20161014000002
产品名称：	核桃
产品重量：	500kg
生产者名称：	文县山里宝核桃种植农民专业合作社
联系电话：	139****5788
联系地址：	陇南市文县刘家坪乡深沟村
确保合格的方式：	委托检测合格
开具日期：	2016-10-14

点击“生产者名称”，还能获得生产者主体信息的电子版信息。

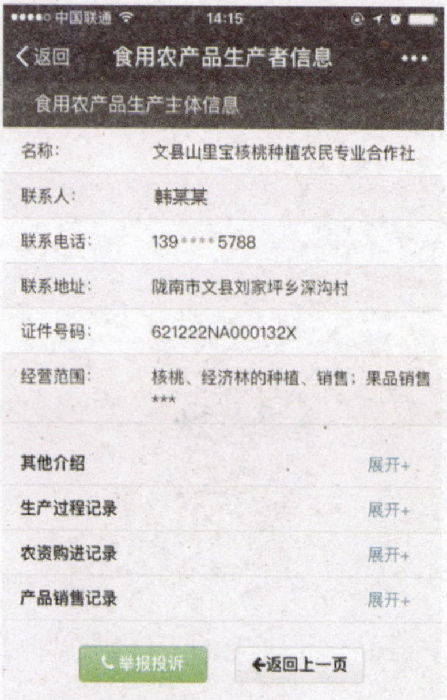

点击上图中相应的记录，还能查看其生产的其他过程，如：

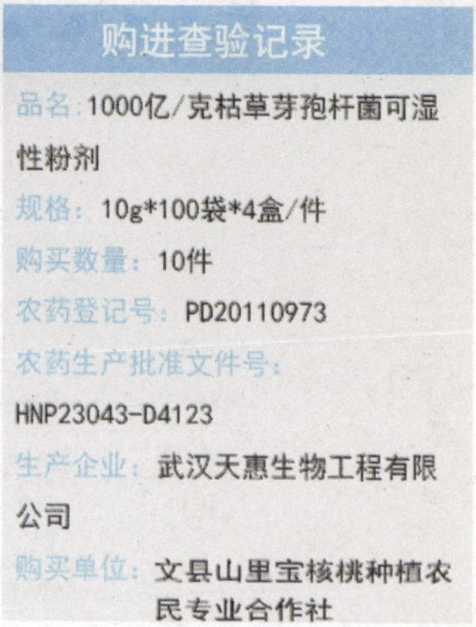

（3）信息自动传输

生产者对农产品进行销售后，可登录“食用农产品合格证综合管理平台”将销售记录录入系统，如果购买者也是“食用农产品合格证综合管理平台”的注册用户，系统则会自动将销售记录推送到购买者的账户中，购买者只要登录“食用农产品合格证综合管理平台”，点击“进货查验”后确认，即可作为“进货查验登记”资料。

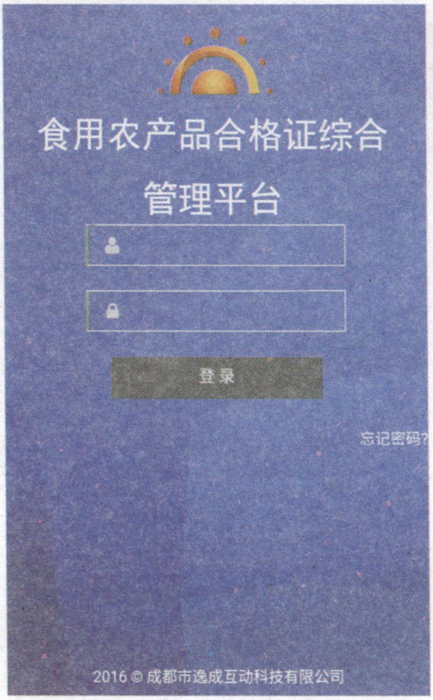

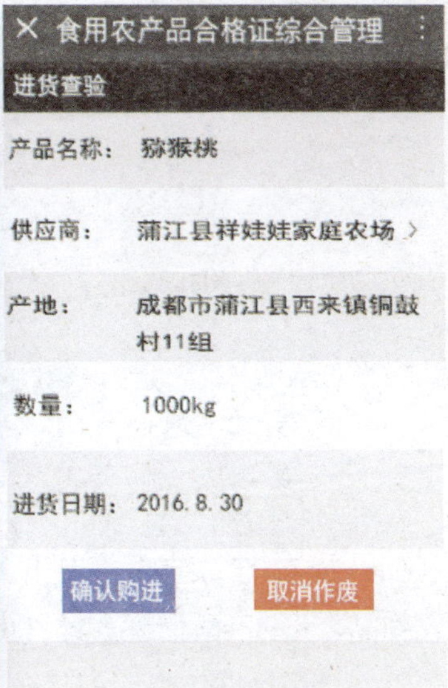

（4）二维码质量追溯

食用农产品合格证附有二维码，扫描二维码，即可查询质量信息，购买者还可以点击电子版合格证下方的“+购进记录”，即可将购货信息导入系统作为进货查验资料保存。

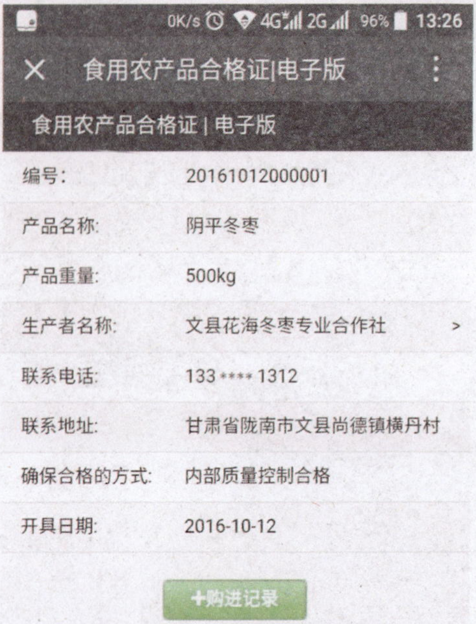

4. 农业投入品销售管理

扫描右图二维码，点击关注“食用农产品合格证”微信公众号，即可进入“食用农产品合格证综合管理平台”微信端，输入账号、密码，即可操作。

或者登录“农产品合格证综合管理平台”的农业投入品销售主体端口，输入账号密码进入 PC 端。

（1）农业投入品质量证明文件信息录入

农业投入品实施市场准入制度，农业投入品销售主体对购进种子、农药、化肥、兽药、饲料等农业投入品质量证明文件，供货企业营业执照、许可证等相关资质实行登记、录入系统。

审核通过的投入品名称将在销售者自己的账号中显示出来，在销售过程中可以选择相应的名称并记录在投入品交易信息系统中。没有通过审核的投入品，无法交易。

（2）购进查验记录

农业投入品销售主体对购进的农业投入品实行进货查验，

建立进货查验记录。

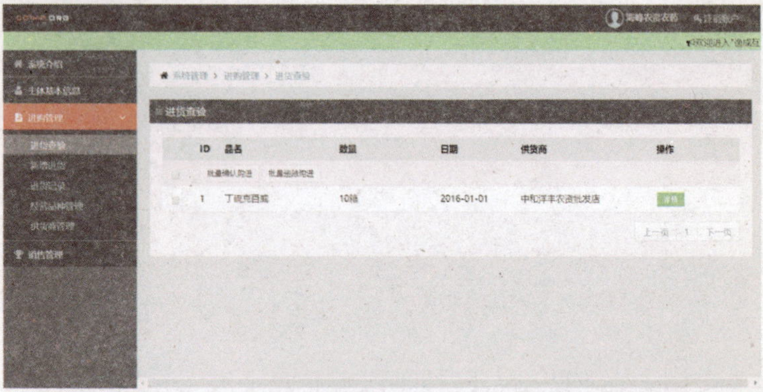

（3）农业投入品实名销售

开票时输入购买者账号（绑定农业生产者身份），每一次交易购买人的身份信息、日期、品种、数量等相关信息自动上传平台，并导入农业生产者账户，可作为“进货查验登记”资料。

（4）二维码质量追溯

销售票据附带二维码，扫描二维码，可查询质量信息，并可导入信息作为进货查验资料保存。

销售票据

品名：1000亿/克枯草芽孢杆菌可湿性粉剂

规格：10g*100袋*4盒/件

销售数量：10袋

单价：4.5元

总金额：45元

农药登记号：PD20110973

销售企业：成都常丰农业科技有限公司

采购者：张丽

销售时间：2016.8.19

5. 学习培训系统

（1）微信在线学习方式

学员扫描右图二维码，关注微信公众号“食用农产品合格证”，点击“培训”→“在线学习”，输入账号、密码登录，即可随时随地参加学习培训。学习内容包括法律法规、操作规范、科普知识以及农业标准化生产知识等等。

（2）利用手机 APP 开展学习

登录逸成培训 APP，即可随时随地学习，视频课件、习题将通过 APP 中“学习任务”进行提示。

（3）学习管理

学员可自己安排学习时间，系统自动记录学习时间。同时系统还会记录每位学员的学习态度、活跃度、贡献值等一系列具体情况。

（4）在线考核

学员可以通过微信或者逸成培训 APP 进行在线考试，既方便又快捷，考试结束即可知晓成绩，还有错题解析，让大家的知识在考核中得到进一步的巩固和提升。同时考核结果还能够进行公示，让监管部门以及消费者了解从业人员的考核结果。

九、食用农产品生产经营者是食用农产品安全的第一责任人

食用农产品生产经营者应当依照《农产品质量安全法》、《食品安全法》等法律法规和食品安全标准从事销售活动，保

证食用农产品质量安全。

食用农产品销售者要通过开展食品安全主体责任落实工作，熟悉和掌握《食用农产品销售者落实食品安全主体责任标准》，不断提升食用农产品销售者的责任意识，自觉按照《食用农产品销售者落实食品安全主体责任标准》的要求逐条落实应承担的食用农产品安全责任和义务，规范食品生产行为，确保广大消费者的食品安全和身体健康。

十、如何界定食用农产品的范围？

食用农产品，指在农业活动中获得的供人食用的植物、动物、微生物及其产品。农业活动，指传统的种植、养殖、采摘、捕捞等农业活动，以及设施农业、生物工程等现代农业活动。植物、动物、微生物及其产品，指在农业活动中直接获得的，以及经过分拣、去皮、剥壳、干燥、粉碎、清洗、切割、冷冻、打蜡、分级、包装等加工，但未改变其基本自然性状和化学性质的产品。

食用农产品市场销售，是指通过集中交易市场、商场、超市、便利店等销售食用农产品的活动。

十一、食用农产品监管职责分工

根据《食品安全法》、《农产品质量安全法》等相关法律法规和各级政府及编制委员会确定的部门监管职责分工，农业部门要切实履行好食用农产品从种植养殖到进入批发、零售市场或生产加工企业前的监管职责；食品药品监管部门要切实履行好食用农产品进入批发、零售市场或生产加工企业后的监管职责，不断提升对食用农产品质量安全的保障水平。现行的食用农产品质量安全分段监管，不包括农业生产技术、动植物疫病防控和转基因生物安全监督管理，这些监督管理工作不属于食品药品监管部门的职责。农业部门根据监管工作需要，可进入批发、零售市场开展食用农产品质量安全风险评估和风险监测工作。

十二、食用农产品市场销售监管范围

食品药品监管部门负责食用农产品市场销售质量安全监督管理工作，即食用农产品进入集中交易市场、商场、超市、便利店等市场主体后的贮存、运输、销售等过程的监管。集中交易市场开办者、食用农产品销售者、贮存服务提供者应当对其贮存、运输、销售的食用农产品负责。集中交易市场是指由市场开办方依法设立的销售食用农产品的批发市场、零售市场（含农贸市场）等。

十三、食用农产品市场准入的要求

1. 果蔬类和水产类食用农产品市场准入要求

（1）食用农产品进入集中交易市场，销售者应当提供社会信用代码或者身份证复印件，食用农产品产地证明或者购货凭证、合格证明文件。无法提供社会信用代码（或者身份证复印件）的，不得入场销售。无法提供产地证明、购货凭证、合格证明文件三者中任意一项的，集中交易市场开办者应当自行或委托进行抽样检验或者快速检测；抽样检验或者快速检

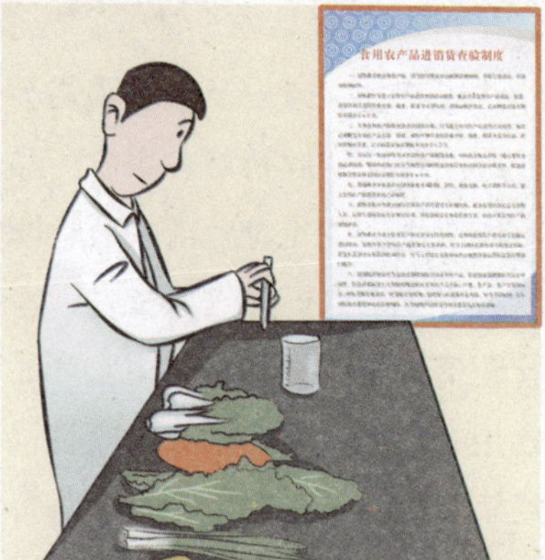

测合格的，方可进入市场销售。

各省可根据与农业部门产地准出和市场准入对接情况以及监管实际，适当提高准入门槛，要求对无法提供产地证明（或购货凭证）和合格证明文件的，集中交易市场开办者应当进行抽样检验或者快速检测；检测合格的，方可进入市场销售。

（2）食用农产品生产企业和农民专业合作经济组织入场销售的，应当提供社会信用代码和合格证明文件。

（3）商场、超市、便利店等销售食用农产品，应当建立食用农产品进货查验记录制度，记录供货者及购进食用农产品的相关信息。

2. 肉类产品市场准入要求

（1）销售畜禽产品，应当按照《中华人民共和国动物防疫法》第四十二条要求，依法出具检疫证明，加施检疫标志。农业部门尚未出台检疫规程，无法出具检疫证明的除外。

（2）销售猪肉产品，除提供动物检疫合格证明外，还要按照《生猪屠宰管理条例》的规定依法出具肉品品质检验合格证明。

（3）各地对肉类产品市场准入有具体规定的，按照各地规定执行。

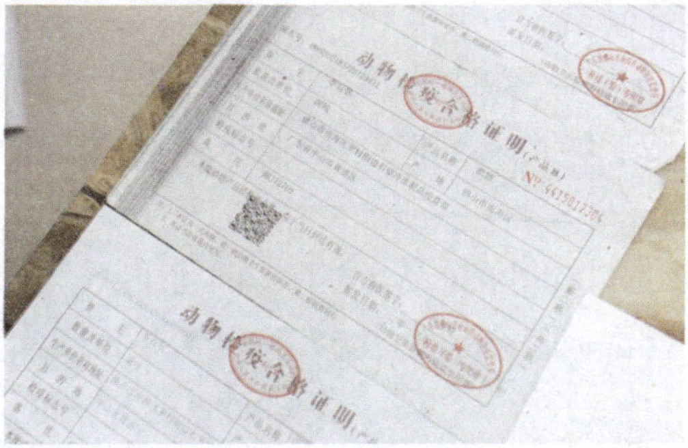

3. 进口食用农产品市场准入的要求

销售进口食用农产品，要提供出入境检验检疫部门出具的入境货物检验检疫证明等证明文件。

中华人民共和国出入境检验检疫

入境货物检验检疫证明

编号 510030115001760

收货人	成都弗雷兹油橄榄开发有限责任公司		
发货人	ACEITES BORGES PONT,S.A.U		
品　名	弗雷兹特级初榨橄榄油	报检数/重量	**10717 千克
包装种类及数量	**2600纸箱	输出国家或地区	西班牙

十四、食用农产品标签标识相关规定

（1）销售食用农产品可以不进行包装。

（2）销售食用农产品应当在摊位（柜台）明显位置标示相关信息，如实公布食用农产品名称、产地、生产者或者销售者名称或者姓名等相关内容。产地标示到市县一级或者农场的具体名称。

（3）除必须要标示的信息外，销售者可以自行决定增加标示的内容。

（4）销售含有转基因动植物、微生物或者其产品成份的食用农产品，其标签标识按照《农业转基因生物安全管理条例》进行标示。

（5）进口食用农产品标签标识问题按照《食用农产品市场销售质量安全监督管理办法》第三十五条执行。

十五、建立食用农产品销售记录制度

从事食用农产品批发业务的销售企业，应当建立食用农产品销售记录制度，如实记录批发食用农产品名称、数量、销售日期以及购货者名称、地址、联系方式等内容，并保存相关凭证。记录和凭证保存期限不得少于6个月。

鼓励和引导有条件的销售企业采用扫描、拍照、数据交换、电子表格等方式，建立食用农产品进货查验记录制度。

十六、食用农产品销售综合管理平台

1. 确定食用农产品监督管理系统各级人员权限

食药局指派专人负责与成都逸成职业技能培训中心对接，提供参与本次食用农产品销售综合管理平台测试人员名单和权限分配，需要提供市局、各区县局、各监管所参与测试人员名单，相关信息包括所在单位（单位名称、单位地址、单位联系人、联系电话）、部门、姓名、手机号码、职务（信息登记表电子文档由成都逸成互动科技提供）。成都逸成互动科技公司负责录入信息并为监管人员开通账户，市局指派专人复核授权情况。账户的登录名为监管人员的手机号码，密码为手机号码后八位。

全部人员名单确认后，成都逸成互动科技公司负责开通各级食用农产品销售监督管理人员在线培训学习权限。培训班登录名为监管人员的手机号码，密码为手机号码后八位。

2. 监管人员操作方法

（1）关注微信号

扫描下图二维码，关注“食用农产品销售管理平台”公众账号，即可进入食用农产品销售管理平台微信端。

操作过程中如有问题可点击查询“常见问题解答”。

（2）参加学习培训

（3）法律法规在线查询

（4）查询相关信息

监管人员登录 ×× 食用农产品监管平台政府监管 PC 端，查看权限下的相关政府监管单位、市场开办方、食用农产品销售者的相关信息 以及农贸市场内食用农产品销售者的进货记录、销售记录等。

（5）移动执法

监管人员登录 APP，输入账号、密码，即可启动移动执法功能，按照《食用农产品市场销售日常监督检查表》展开格式化现场监督检查，利用手机记录检查情况，检查结束后提交上传，并可当场打印检查记录。

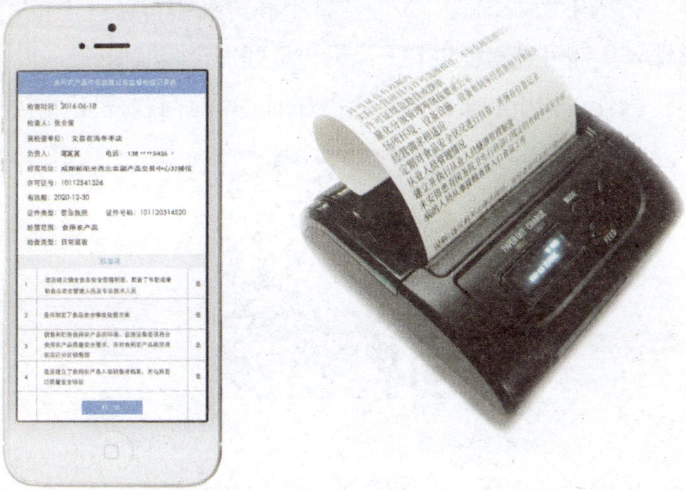

3. 确定试点批发市场开办方名单

食药监管部门负责提供农产品集中交易市场开办方的名单给成都逸成互动科技公司，名单相关信息包括企业名称、工商注册登记证号（以及证件照片）、所属区域（省、市、区县、街道）、法人代表、经营地址、经营范围、联系人、手机号码

（信息登记表电子文档由成都逸成互动科技提供）。成都逸成互动科技公司负责录入信息并为农产品集中交易市场开办方开通账户。账户的登录名为食药监部门提供的手机号码，密码为手机号码后八位。

其中，名单提供与复核权限由食药局领导指定人员负责。

全部人员确认后，成都逸成互动科技公司负责开通食用农产品集中交易市场开办方在线培训班权限。培训班登录名为食药监部门提供的手机号码，密码为手机号码后八位。

4. 市场开办方操作方法

（1）关注微信号

扫描下图二维码，关注“食用农产品销售管理平台”公众账号，即可进入食用农产品销售管理平台微信端。

操作过程中如有问题可点击查询“常见问题解答”。

（2）入场销售者备案

市场开办方落实主体责任，与入场销售者签订入场销售质量安全协议，通过移动端（微信端口）录入销售者基本信息，实名备案。销售者基本信息内容包括：销售者名称或姓名、社会信用代码或者身份证号码、联系方式、住所、食用农产品主要品种、进货渠道、产地等信息（信息登记表电子文档由成都逸成互动科技提供）。

集中交易市场开办者也可登录“食用农产品销售综合管理平台”PC端，在“食用农产品销售综合管理平台”PC端中录入销售者信息，为入场销售者分配账户，账户为入场销售者手机号码，密码为手机号码后八位。

入场销售者自行填写备案信息的，填写的手机号码即为用户名，密码为手机号码后八位，市场开办方应安排专人负责审核入场销售者信息，审核通过后市场开办方将名单提供给成都逸成互动科技公司。

全部人员确认后，由市场开办方将名单提供给成都逸成互动科技公司，成都逸成互动科技公司负责开通食用农产品销售者在线培训班权限（加上区县、监管所、市场名称等信息）。培训班登录名为入场销售者的手机号码，密码为手机号码后八位。

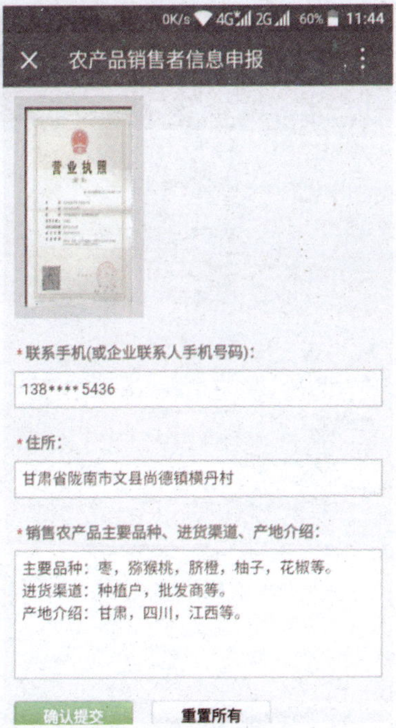

（3）为入场销售者配备二维码入场登记卡

市场开办方管理人员在“食用农产品销售综合管理平台”PC端为每一位入场销售者开通账号后，分配身份识别二维码，制作二维码入场登记卡，在销售摊位醒目位置设置二维码公示牌。

扫描二维码，可以查询主体信息、农产品进货查验记录。

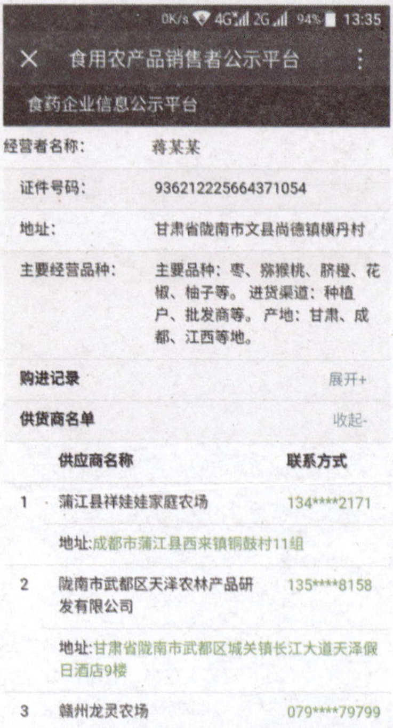

（4）食用农产品入场销售者智慧档案

系统后台自动生成智慧档案，包括入场销售者名称或姓名、社会信用代码或者身份证号码、联系方式、住所，食用农产品主要品种、进货渠道、产地等信息，随时动态更新。

市场开办方可以随时查询智慧档案相关内容，导出相关资料，打印相关资料，处理相关数据。

（5）批发市场门禁系统

在批发市场入场门禁处，市场开办方管理人员通过“食用农产品销售综合管理平台”微信端扫描入场登记卡，调出已经录入的相关资料，查验实物，核对质量文件原件，符合要求者放行入场；没有合格质量证明文件者，必须经过快检合格才能入场。快检合格后，将检验报告上传至平台。录入资料不完整者，在入场门禁处，管理方工作人员通过“食用农产品销售综合管理平台”PC端（输入销售者账号）录入完善相关资料。

供应商需进入批发市场的，批发市场门禁系统管理人员将供货商及产品信息录入系统并添加标签，作为临时入场销售者处理。

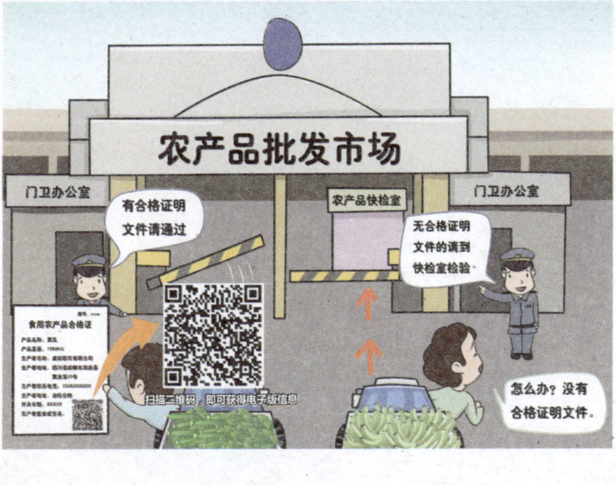

5. 入场销售者操作方法

（1）关注微信号

扫描下图二维码，关注“食用农产品销售管理平台”公众账号，即可进入食用农产品销售管理平台微信端。

操作过程中如有问题可点击查询“常见问题解答”。

（2）入场前进货登记

销售者在入场前通过微信录入需要入场销售的食用农产品名称、数量、进货日期以及供货者名称、地址、联系方式等内容，并通过拍照方式上传质量证明文件。

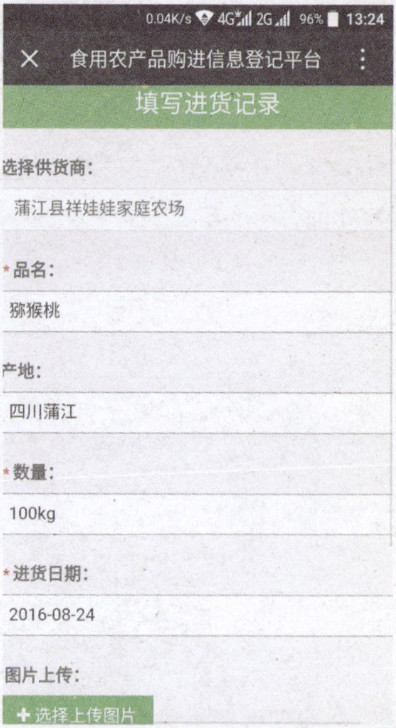

无供货商列表记录，则点击“信息申报”→“新增供货商”，依次填写新增供应商信息。

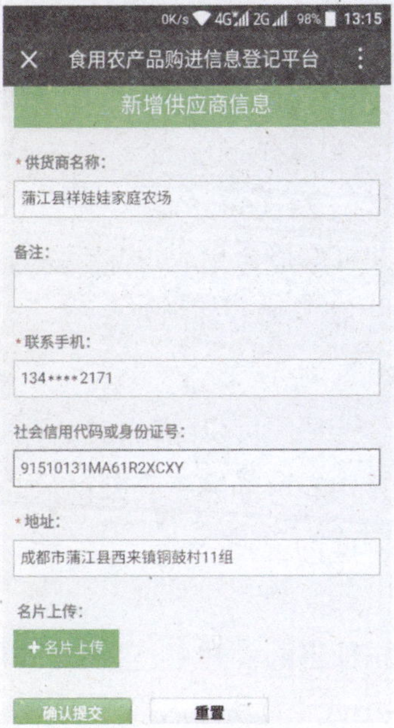

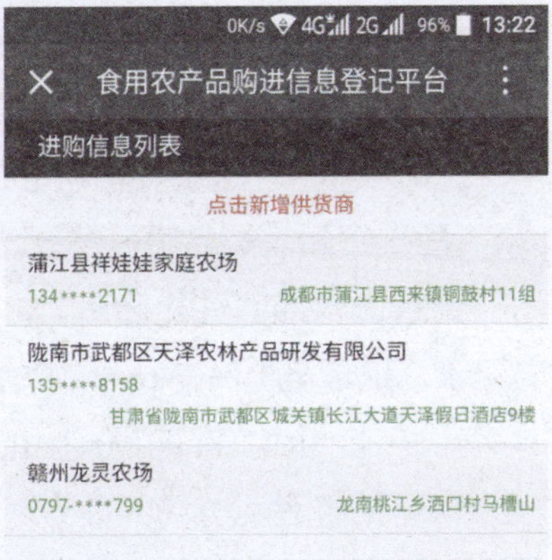

由于文化程度的限制，销售者无法完成进货申报的，可进行快速进货申报。

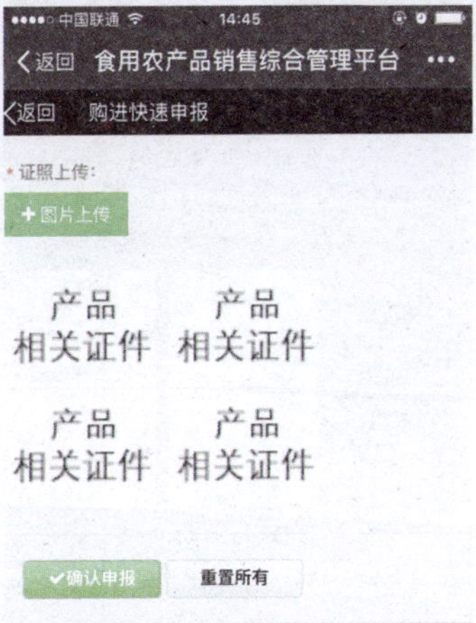

（3）食用农产品合格证信息导入

在食用农产品产地，开具食用农产品合格证时，输入购买者账号，即可将食用农产品相关质量信息自动导入，入场销售者在“食用农产品销售综合管理平台”微信端点击“进货确认”，即可作为“进货查验登记”资料保存。

（4）食用农产品购进查验记录

购进资料经“进货确认”，即可形成食用农产品购进查验记录，记录至少保存6个月以上，满足监管部门要求。

（5）食用农产品购进查验记录查询

入场销售者、市场开办方、监管部门可以随时在授权范围内通过微信、APP、PC端查询食用农产品购进查验记录，统计相关数据，追踪进货来源，导出相关记录。

（6）销售记录

销售者进入销售申报窗口，添加进购者姓名，完善进购者信息，包括社会信用代码、联系方式、住所。点击下一步选择销售品种，完善销售信息，包括数量、价格、总价。

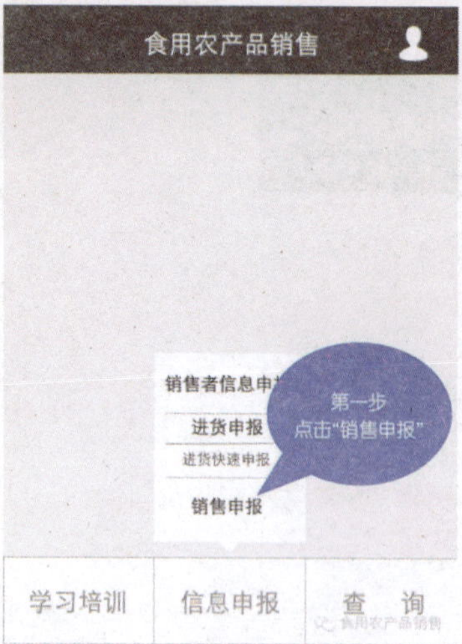

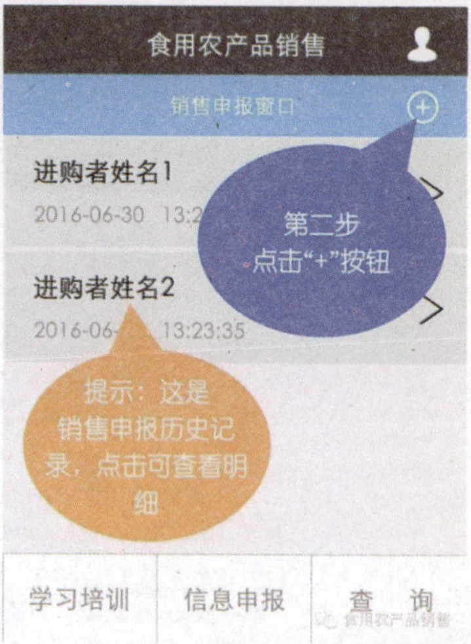

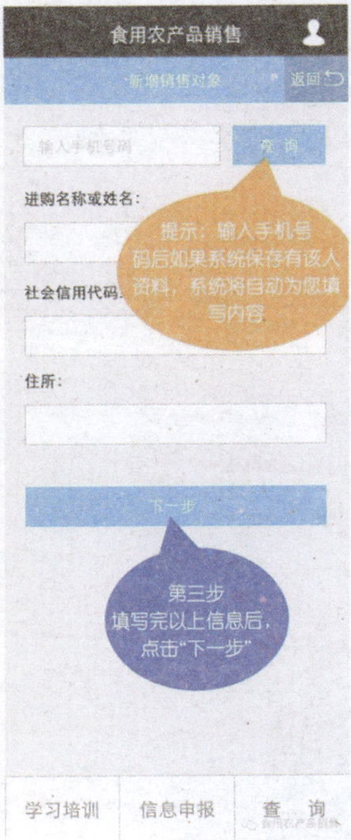
食用农产品销售
新增销售对象
返回
查 询
进购名称或姓名:
提示：输入手机号码后如果系统保存有该人资料，系统将自动为您填写内容
社会信用代码
住所:
下一步
第三步
填写完以上信息后，点击"下一步"
学习培训
信息申报
查 询

食用农产品销售
销售记录列表
返回
近三天记录
品种：海南葡萄
2016-05-06
品种：新疆哈密瓜
2016-05-05 12:22:18
品种：龙泉皮球桃
2016-05-04 12:22:18
提示：这里是您的产品进购记录
全部记录
品种：海南葡萄
2016-05-06 12:22:18
品种：新疆哈密瓜
2016-05-05 12:22:18
品种：龙泉皮球桃
2016-05-04
第四步
选择销售品种
学习培训
信息申报
查 询

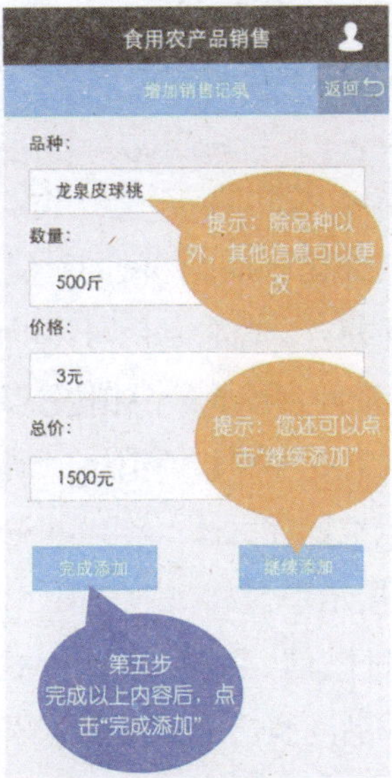
食用农产品销售
增加销售记录
返回
品种:
龙泉皮球桃
提示：除品种以外，其他信息可以更改
数量:
500斤
价格:
3元
总价:
1500元
提示：您还可以点击"继续添加"
完成添加
继续添加
第五步
完成以上内容后，点击"完成添加"

食用农产品销售开票时，输入购买者账号，即可将销售产品质量信息自动传递给下游客户。销售票据附带二维码，购买者扫描二维码，也可以自动导入所购买产品质量信息。

编号：20161013000321

食用农产品销售小票

采购商： 双流鹿溪园丝路小镇酒店

产品名称：花椒

产品重量：150kg

供货商： 陇南市武都区天泽农林产品研发有限公司

联系人： 刘某某

联系方式：135****8158

开具日期：2016-10-13

交易地点：咸阳新阳光西北农副产品交易中心

销售者盖章或签名：

食用农产品合格证综合管理平台

版权所有 成都逸成职业技能培训中心

（7）销售档案

完成食用农产品销售开票，即可同时建立电子销售档案。入场销售者、市场开办方、监管部门可以随时在授权范围内通过微信、APP、PC 端查询食用农产品销售记录，统计相关数据，去向可追踪，可根据需要导出相关销售记录。

6. 质量信息展示端操作方法

（1）质量信息展示平台

市场开办方通过微信、APP、网络 web 页面、LED 显示屏展示所有食用农产品溯源情况、摊位主体信息、检测信息、信用信息等内容。

（2）扫码查询功能

手机扫描摊位身份识别二维码，可查询该摊位销售者的食用农产品溯源情况（生产过程、农业投入品记录）、摊位主体信息、检测信息、信用信息等内容。

（3）信息传递

采购者登录系统，点击进货查验功能，所购食用农产品信息自动传输，作为进货查验记录。

采购者扫描销售票据二维码，查询质量信息，也可自动导入质量信息，作为进货查验记录。

购进查验记录

产品名称：武都花椒

规格：250克/盒

数量：5

生产批号：20160330

进货日期：2016.9.11

保质期：十八个月

供应商：陇南市武都区天泽农林产品研发有限公司

联系方式：135 **** 8158

十七、仓库租赁要求

食用农产品销售者租赁仓库的，应当选择能够保障食用农产品质量安全的食用农产品贮存服务提供者。

贮存服务提供者应当按照食用农产品质量安全的要求贮存食用农产品，履行下列义务：

1. 如实向所在地县级食品药品监督管理部门报告其名称、地址、法定代表人或者负责人姓名、社会信用代码或者身份证号码、联系方式以及所提供服务的销售者名称、贮存的食用农产品品种、数量等信息。

2. 查验所提供服务的销售者的营业执照或者身份证明和食用农产品产地或者来源证明、合格证明文件，并建立进出货台账，记录食用农产品名称、产地、贮存日期、出货日期，销售者名称或者姓名、联系方式等，进出货台账和相关证明材料保存期限不得少于6个月。

3. 保证贮存食用农产品的容器、工具和设备安全无害，保持清洁，防止污染，保证食用农产品质量安全所需的温度、湿度和环境等特殊要求，不得将食用农产品与有毒、有害物品一同贮存。

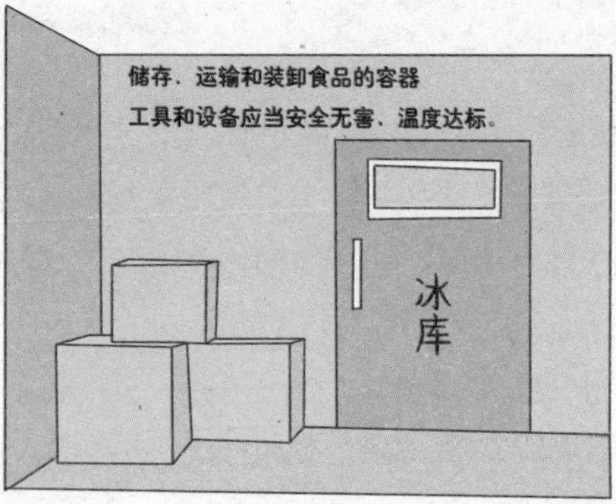

4. 贮存肉类冻品应当查验并留存检疫合格证明、肉类检验合格证明等证明文件。

5. 贮存进口食用农产品，应当查验并记录出入境检验检疫部门出具的入境货物检验检疫证明等证明文件。

6. 定期检查库存食用农产品，发现销售者有违法行为的，应当及时制止并立即报告所在地县级食品药品监督管理部门。

7. 法律、法规规定的其他义务。

未履行食用农产品贮存相关义务的，由县级以上食品药品监督管理部门责令改正，给予警告；拒不改正的，处五千元以上三万元以下罚款。

十八、食用农产品运输要求

销售者自行运输或者委托承运人运输食用农产品的，运输容器、工具和设备应当安全无害，保持清洁，防止污染，并符合保证食用农产品质量安全所需的温度、湿度和环境等特殊要求，不得将食用农产品与有毒、有害物品一同运输。

决不让食品安全中途“掉链子”

承运人应当按照有关部门的规定履行相关食品安全义务。

十九、建立健全食用农产品质量安全管理制度

销售企业应当建立健全食用农产品质量安全管理制度，配备必要的食品安全管理人员，对职工进行食品安全知识培训，制定食品安全事故处置方案，依法从事食用农产品销售活动。

鼓励销售企业配备相应的检验设备和检验人员，加强食用农产品检验工作。

二十、建立食用农产品质量安全自查制度

销售者应当建立食用农产品质量安全自查制度，定期对食用农产品质量安全情况进行检查，发现不符合食用农产品质量安全要求的，应当立即停止销售并采取整改措施；有发生食品安全事故潜在风险的，应当立即停止销售并向所在地县级食品药品监督管理部门报告。

二十一、食用农产品抽样检验

《食品安全法》第六十四条规定，食用农产品批发市场应当配备检验设备和检验人员或者委托符合本法规定的食品检验机构，对进入该批发市场销售的食用农产品进行抽样检验；发现不符合食品安全标准的，应当要求销售者立即停止销售，并向食品药品监督管理部门报告。

由于批发市场是食用农产品销售的主渠道，所以需要在保障入场销售的食用农产品安全方面承担责任。一是对进场销售的食用农产品进行抽样检验。履行这一职责，批发市场应当配备检验设备和检验人员，如果因为条件所限无法配备，也可以委托符合食品安全法规定的食品检验机构进行抽样检验。符合食品安全法规定的食品检验机构是指按照国家有关认证认可管理规定，取得资质认定的食品检验机构，或者在 2009 年食品安全法颁布前经有关部门批准成立的食品检验机构。二是抽样检验发现不符合食品安全标准的，应要求销售者立即停止销售，并向食品药品监督管理部门报告。批发市场不是执法部门，所以无权对销售者予以处罚，但应当要求销售者立即停止销售，并向当地的食品药品监督管理部门报告。

二十二、农产品销售环节使用的食品相关产品要求

《食品安全法》第六十六条规定，进入市场销售的食用农产品在包装、保鲜、贮存、运输中使用保鲜剂、防腐剂等食品添加剂和包装材料等食品相关产品，应当符合食品安全国家标准。

保鲜剂是指用于防止食品在储存、流通过程中，由于微生物繁殖引起的变质，或由于储存销售条件不善，食品内在品质发生劣变、色泽下降，为提高保存期，延长食用价值而在食品中使用的添加剂。

防腐剂是指能防止由微生物引起的腐败变质、延长食品保质期的添加剂。保鲜剂和防腐剂都属于食用农产品在包装、保鲜、贮存、运输过程中经常使用的食品添加剂。

我国“食品安全国家标准”对食品添加剂的品种、使用范围和用量都有明确规定，食用农产品经营者和物流公司、仓储公司

等其他主体应当按照食品安全国家标准的要求，使用这些食品添加剂，不得超范围、超限量使用，否则即为违法行为，应承担相应的法律责任。

食品相关产品有食品包装材料，使用到的容器、工具和设备等。食品安全国家标准中，对食品相关产品中的致病性微生物、农药残留、兽药残留、生物毒素、重金属等污染物质以及其他危害人体健康物质的限量作了规定。如果使用了不符合食品安全国家标准的食品相关产品，会对食品安全造成危害，需要承担相应的法律责任。

二十三、食用农产品包装和标签要求

销售按照规定应当包装或者附加标签的食用农产品，在包装或者附加标签后方可销售。包装或者标签上应当按照规定标注食用农产品名称、产地、生产者、生产日期等内容；对保质期有要求的，应当标注保质期；保质期与贮藏条件有关的，应当予以标明；有分级标准或者使用食品添加剂的，应当标明产品质量等级或者食品添加剂名称。

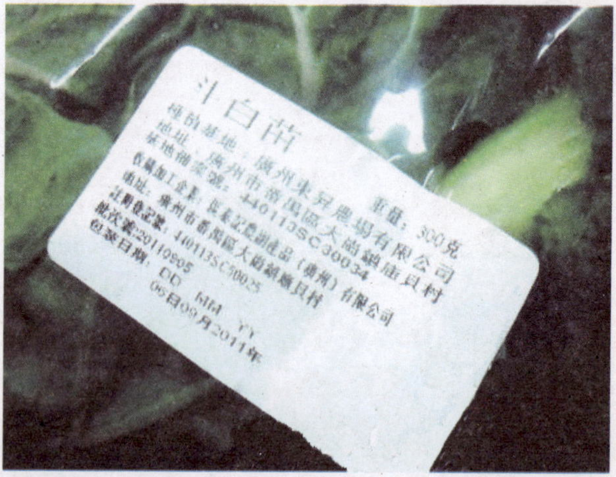

食用农产品标签所用文字应当使用规范的中文，标注的内容应当清楚、明显，不得含有虚假、错误或者其他误导性内容。

销售获得无公害农产品、绿色食品、有机农产品等认证的食用农产品以及省级以上农业行政部门规定的其他需要包装销售的食用农产品应当包装，并标注相应标志和发证机构，鲜活畜、禽、水产品等除外。

食用农产品销售者未按要求进行包装或者附加标签的，由县级以上食品药品监督管理部门责令改正，给予警告；拒不改正的，处五千元以上三万元以下罚款。

二十四、未包装食用农产品包装要求

销售未包装的食用农产品，应当在摊位（柜台）明显位置如实公布食用农产品名称、产地、生产者或者销售者名称或者姓名等信息。

鼓励采取附加标签、标示带、说明书等方式标明食用农产品名称、产地、生产者或者销售者名称或者姓名、保存条件以及最佳食用期等内容。

未按要求公布食用农产品相关信息的，由县级以上食品药品监督管理部门责令改正，给予警告；拒不改正的，处五千元以上一万元以下罚款。

二十五、禁止销售的食用农产品

食用农产品销售者禁止销售下列食用农产品：

（1）使用国家禁止的兽药和剧毒、高毒农药，或者添加食品添加剂以外的化学物质和其他可能危害人体健康的物质的；

（2）病死、毒死或者死因不明的禽、畜、兽、水产动物肉类；

（3）未按规定进行检疫或者检

疫不合格的肉类；

（4）国家为防病等特殊需要明令禁止销售的；

食用农产品销售者违反以上规定，尚不构成犯罪的，由县级以上人民政府食品药品监督管理部门没收违法所得和违法生产经营的食品，并可以没收用于违法生产经营的工具、设备、原料等物品；违法生产经营的食品货值金额不足一万元的，并处十万元以上十五万元以下罚款；货值金额一万元以上的，并处货值金额十五倍以上三十倍以下罚款；情节严重的，吊销许可证，并可以由公安机关对其直接负责的主管人员和其他直接责任人员处五日以上十五日以下拘留。

食用农产品销售者禁止销售下列食用农产品：

（1）致病性微生物、农药残留、兽药残留、生物毒素、重金属等污染物质以及其他危害人体健康的物质含量超过食品安全标准限量的；

（2）超范围、超限量使用食品添加剂的；

（3）腐败变质、油脂酸败、霉变生虫、污秽不洁、混有异物、掺假掺杂或者感官性状异常的；

（4）标注虚假生产日期、保质期或者超过保质期的；

食用农产品销售者违反以上规定，尚不构成犯罪的，由县级以上人民政府食品药品监督管理部门没收违法所得和违法生产经营的食品、食品添加剂，并可以没收用于违法生产经营的工具、设备、原料等物品；违法生产经营的食品、食品添加剂货值金额不足一万元的，并处五万元以上十万元以下罚款；货值金额一万元以上的，并处货值金额十倍以上二十倍以下罚款；情节严重的，吊销许可证。

禁止销售食用农产品情形的判定：

由于食用农产品所特有的自然属性，使其具有不同于其他食品的特点，消费者在购买时应对产品进行外观的基本辨识，购买后需经挑拣、清洗或加热等再加工处理后方可食用。因此，凡是通过挑拣、清洗等方式，能够有效剔除不可食用部分，保证食用安全的食用农产品，像果蔬类产品带泥、带沙、带虫、部分枯败等和水产品带水、带泥、带沙等，均不属于腐败变质、霉变生虫、污秽不洁、混有异物、掺假掺杂或者感官性状异常等情形。

食用农产品销售者禁止销售下列食用农产品：

食用农产品销售者销售未按规定进行检验的肉类，或者销售标注虚假的食用农产品产地、生产者名称、生产者地址，标注伪造、冒用的认证标志等质量标志的食用农产品的，由县级以上食品药品监督管理部门责令改正，处一万元以上三万元以下罚款。

食用农产品销售者禁止销售下列食用农产品：

（1）使用的保鲜剂、防腐剂等食品添加剂和包装材料等食品相关产品不符合食品安全国家标准的；

（2）被包装材料、容器、运输工具等污染的；

食用农产品销售者违反以上规定，由县级以上人民政府食品药品监督管理部门没收违法所得和违法生产经营的食品、食品添加剂，并可以没收用于违法生产经营的工具、设备、原料等物品；违法生产经营的食品、食品添加剂货值金额不足一万元的，并处五千元以上五万元以下罚款；货值金额一万元以上的，并处货值金额五倍以上十倍以下罚款；情节严重的，责令停产停业，直至吊销许可证。

二十六、不合格食用农产品处置

销售者发现其销售的食用农产品不符合食品安全标准或者有证据证明可能危害人体健康的，应当立即停止销售，通知相关生产经营者、消费者，并记录停止销售和通知情况。

由于销售者的原因造成其销售的食用农产品不符合食品

安全标准或者有证据证明可能危害人体健康的，销售者应当召回。

对于停止销售的食用农产品，销售者应当按照要求采取无害化处理、销毁等措施，防止其再次流入市场。但是，因标签、标志或者说明书不符合食品安全标准而被召回的食用农产品，在采取补救措施且能保证食用农产品质量安全的情况下可以继续销售；销售时应当向消费者明示补救措施。

二十七、影响农产品质量安全的危险因素

1. 农业种植养殖过程可能产生的危害。包括因投入品不合理使用或非法使用造成的农药、兽药、硝酸盐、生长调节剂、添加剂等有毒有害残留物，产地环境带来的铅、镉、汞、砷等重金属元素，石油烃、多环芳烃、氟化物等有机污染物，以及六六六、滴滴涕等持久性有机污染物。

2. 农产品保鲜包装储运过程可能产生的危害。包括贮存过程中不合理或非法使用的保鲜剂、催熟剂和包装运输材料中有害化学物等产生的污染。

3. 农产品自身生长发育过程中产生的危害。如黄曲霉毒素、赤霉素、沙门氏菌、禽流感病毒等。

4. 农业生产中新技术应用带来的潜在危害。如外来物种侵入等。

二十八、合理使用农药

农药残留是指农业生产中施用农药后，一部分农药直接或间接残存于谷物、蔬菜、果品、畜产品、水产品中以及土壤和水体中的现象。

科学合理使用农药，应从以下几方面入手：

（1）遵守农药安全使用规则，杜绝使用违禁农药。

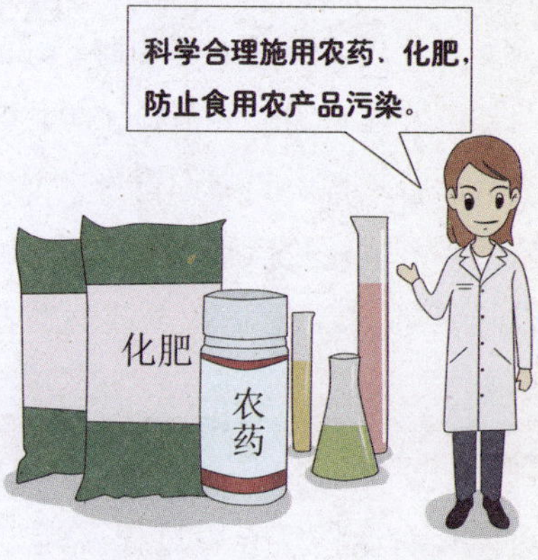

（2）遵循农药安全间隔期。

（3）做好安全防护措施，保护施药人员和畜禽安全，妥善处理剩余药液、药械和包装物。

（4）尽量减少用药，采用田园清洁、处理病残体、合理密植等农艺措施，形成不利于病虫发生的条件，提高作物抗病虫能力；采用粘虫板、黑光灯等物理措施杀灭害虫。

合格的农药产品除了质量合格外，产品的标签或说明书也应印制清晰。农药登记时，对农药标签有严格的要求，规定标签和说明书应注明农药名称、有效成分及含量、剂型、农药登记证号或临时登记证号、农药生产许可证或农药生产批准文件号、产品标准号、企业名称及联系方式、生产日期、产品批号、有效期、重量、产品性能、用途、使用技术和使用方法、毒性及标识、注意事项、中毒急救措施、贮存和运输方法、农药类别、象形图等内容。分装的农药，还应注明分装单位。缺乏上述任何一项内容，均应谨慎购买。

选购农药须特别注意：

1. 注意农药名称。无论国产农药还是进口农药，必须有有效成分的中文通用名称及含量和剂型。

2. 注意农药“三证”。农药登记证号、生产许可证号（或批准文件号）、产品标准号。

3. 注意使用范围。根据需要防治的农作物病、虫、草、鼠害，选择与标签上标注的适用作物和防治对象相同的农药。

4. 注意净含量、生产日期、批号及有效期。

5. 注意农药类别。农药标签下方的特征颜色标志带，表示杀菌剂（黑色）、杀虫／螨／螺剂（红色）、除草剂（绿色）、杀鼠剂（蓝色）、植物生长调节剂（深黄色）等不同种类农药。

6. 注意毒性标志。农药标签上应在显著位置标明“剧毒”、“高毒”、“中等毒”、“低毒”和“微毒”等毒性标志。

案例导读

2004年，3个人因嘴馋偷别人的桃子吃，走的时候还装了不少，结果共有9人因吃桃中毒。同年12月4日，马龙县法院对这起案件做出判决，果农老沈家要承担9个人的医药、误工、住院伙食补助等费用40%的赔偿责任，其余损失由3个偷桃人承担。

6月2日，马龙县月望乡派出所接到举报：村民沈嘉家中有4口人中毒。正当民警对沈嘉4口中毒事件认真分析调查时，村名沈亿等5人又因中毒被送进医院。

经查实，6月1日晚12点左右，村民沈嘉路过果农老沈家的桃园时，因口渴随手摘了几个桃子吃。吃后觉得味道不错，他又摘了些带回家，分给75岁的老母和两个读小学的儿子。沈亿和张恩也同样是路过老沈家桃园时“连吃带拿”，并分给张某等人吃。9人食用桃子后均不同程度出现中毒症状。经鉴定，9人系吃了喷洒过农药甲胺磷的桃子中毒。

出院后，沈嘉等9人多次找老沈家索赔被拒绝，治病花费近万元的9人将老沈告到法庭。老沈认为：9人是恶人先告状，我不追究他们偷我的桃子，他们反倒告我。作为桃园的所有人，我对桃树及未成熟的桃子打药防虫，头天才喷药，第二天就逮着馋嘴汉，是他们咎由自取。如果我真的要赔他们，岂非保护、助长偷盗行为？

【裁判结果】

马龙法院审理认为，甲胺磷属于剧毒农药，老沈在尚未采摘的桃树上施用且没有设置警示标志，违反了《国务院农药管理条例》中“剧毒、高毒农药不得用于防治卫生害虫，不得用于蔬菜、瓜果、茶叶和中草药材”的明确规定，对潜在消费者（包括偷食者）的身体健康构成了危险，从而导致9人在不知情的情况下吃桃中毒，依法应承担赔偿责任；沈嘉等3人未经老沈同意，擅自偷摘老沈家果园的桃子并送给他人吃，造成本人及他人中毒，其行为违反了公民道德和法律关于不得侵犯他人合法财产所有权的规定，沈嘉等3人依法应分别承担对另外中毒6人的赔偿责任。

（案例来源：中国法院网）

二十九、合理使用兽药

兽药残留是指用药后，蓄积或存留于畜禽机体或产品（如鸡蛋、奶品、肉品等）中的原型药物或其代谢产物，包括与兽药有关的杂质残留。

科学合理使用兽药，应遵从以下原则：

（1）禁止使用未取得批准文号的兽药和国家已经禁止使用的兽药。

（2）禁止在饲料及饲料产品中添加国家禁止的药物。

（3）有休药期规定的兽药用于食用动物时，饲养者应向购买者或屠宰者提供准确、真实的用药记录；购买者或屠宰者应确保动物及其产品在用药期、休药期不被用于食品消费。

（4）禁止将人用药用于动物，并慎用抗生素类兽药和作用于神经系统、循环系统、呼吸系统、泌尿系统等拟肾上腺素药、抗胆碱药、平喘药、肾上腺皮质激素类药和解痛药物。

（5）坚持用药记录制度，记录药品品种、剂型、剂量、给药途径、疗程或添加时间等，以备检查和溯源。

三十、农业投入品的使用

《食品安全法》第四十九条规定，食用农产品生产者应当按照食品安全标准和国家有关规定使用农药、肥料、兽药、饲料和饲料添加剂等农业投入品，严格执行农业投入品使用安全间隔期或者休药期的规定，不得使用国家明令禁止的农业投入品。禁止将剧毒、高毒农药用于蔬菜、瓜果、茶叶和中草药材等国家规定的农作物。

农业投入品是指在农业和农产品生产过程中使用或添加的物质，主要包括生物投入品、化学投入品和农业设施设备等三大类。生物投入品主要包括种子、苗木、微生物制剂（包括疫苗）、天敌生物和转基因种苗等。化学投入品主要包括农兽药（包括生物源农药）、植物生长调节剂、动物激素、抗生素、保鲜剂等。农业设施设备主要包括农机具、农膜、温室大棚、灌溉设施、养殖设施、环境调节设施等。

食用农产品的生产企业和农民专业合作经济组织应当建立农业投入品使用记录制度。

县级以上人民政府农业行政部门应当加强对农业投入品使用的监督管理和指导，建立健全农业投入品安全使用制度。

案例导读

在山东青岛即墨、胶州等地，有消费者购买西瓜食用后，出现头晕、恶心呕吐等症状，一名孕妇甚至因为毒素侵入到血液中，胎儿不保。随即，食品药品监管部门对“问题西瓜”实施停止销售、下架封存、组织召回、监督销毁等措施，并联合公安机关开展调查。经执法人员调查，导致中毒住院的“问题西瓜”不合格项目为“涕灭威中毒”。涕灭威是高毒农药，是一种氨基甲酸酯类杀虫、杀螨、杀线虫剂，是目前商业化农药中毒性最高的品种，会造成磷中毒，是国家明令禁止和限制使用的农药种类。

【分析】

“问题西瓜”使用了高毒农药“涕灭威”，违反了《食品安全法》第49条“禁止将剧毒、高毒农药用于蔬菜、瓜果、茶叶和中草药材等国家规定的农作物”的规定。

三十一、国家明令禁止使用的农药

1. 全面禁止使用的农药（23种）：六六六、滴滴涕、毒杀芬、二溴氯丙烷、杀虫脒、二溴乙烷、除草醚、艾氏剂、狄氏剂、汞制剂、砷类、铅类、敌枯双、氟乙酰胺、甘氟、毒鼠强、氟乙酸钠、毒鼠硅、甲胺磷、甲基对硫磷、对硫磷、久效磷和磷胺。

2. 限制使用的农药（18种）：

禁止氧乐果在甘蓝上使用；

禁止特丁硫磷在甘蔗上使用；

禁止在蔬菜、果树、茶叶、中草药材上使用的农药有：甲拌磷、甲基异柳磷、特丁硫磷、甲基硫环磷、治螟磷、内吸磷、克百威、涕灭威、灭线磷、硫环磷、蝇毒磷、地虫硫磷、氯唑磷、苯线磷；

禁止在茶树上使用三氯杀螨醇、氰戊菊脂；

禁止丁酰肼在花生上使用。

案例导读

2013年10月14日，河南省镇平县农业局工作人员在侯集镇检查蔬菜安全生产工作，当工作人员走到侯集镇东门村姜庄自然庄西南坡菜地时，看到该村村民姜某在自家葱地里干活，走近发现地头扔有一些农药瓶子，上面标注有“甲基异柳磷”、“甲拌磷”的字样。农业局工作人员随询问姜某使用农药的情况，姜某称自己种了三亩多大葱，因为虫子较多，就在大葱上喷洒了甲基异柳磷和甲拌磷两种农药，种植的大葱主要用于销售。农业局工作人员当场对姜某种植的大葱进行抽样取证，并送往南阳市农产品质量检测中心检验。经检验，姜某所种植的大葱上甲基异柳磷含量为1.91mg/kg，超出标准要求190倍；甲拌磷含量为0.025 mg/kg，超出标准要求2.5倍。案发后，姜某主动印制《悔过书》，向周边村镇的菜农发放，宣传在蔬菜上使用国家禁止使用的农药的危害，教育广大菜农。

【**裁判结果**】法院审理认为，被告人姜某在食用农产品种植的过程中，违反国家食品卫生管理法规，在蔬菜上使用国家禁止使用的农药产品，其行为已构成生产有毒、有害食品罪。鉴于被告人姜某到案后认罪态度较好，社会危害较小，并积极宣传农药的危害，确有悔罪表现，可以从轻处罚。据此，依法作出上述判决。

三十二、农产品生产档案记录有哪些要求？

农产品生产企业和农民专业合作经济组织建立的农产品生产记录，必须载明三个方面的内容：

（1）详细记载生产活动中所使用过的农业投入品的名称、来源、用法、用量和使用、停用的日期；

（2）详细记载生产过程中动物疫病、植物病虫草害的发生、防治情况；

（3）如实记载种植业产品收获、畜禽屠宰、水产捕捞的日期。农产品生产记录必须要保存两年，以便质量安全问题的追溯和生产过程问题的追查。

三十三、病死畜禽应如何处理？

我国目前针对病死畜禽的无害化处理方法主要有以下四种。

（1）填埋法。优点：经济，操作及设备简单，可就地处置，降低因运输造成疾病扩散的风险。缺点：无害化处理不彻底，

对地下水构成威胁。

（2）焚烧法。优点：无害化程度高。缺点：产生异味和有害气体造成空气污染；病死大型动物在焚烧前需进行切割、肢解等处理，存在血水二次污染、工人工作强度高和危险系数大等问题。

（3）化制法。优点：可以通过获得肉骨粉和油脂而将动物死亡造成的经济损失降低至较小程度。缺点：不能有效杀死引发疯牛病的朊病毒等病原体，所得肉骨粉和油脂有被朊病毒污染的风险，在欧洲已被禁用。

（4）堆肥法。该法是利用自然界广泛分布的细菌、放线菌、真菌等微生物降解尸体，形成腐殖质的自然过程。优点：可产生高温杀灭病原菌，提高生物安全，能耗低，环境友好，输出肥料，降低损失。缺点：处理时间相对较长。

三十四、食用农产品合格证管理办法（试行）

第一条 为落实食用农产品生产经营者的主体责任，健全产地准出制度，保障农产品质量安全，根据《中华人民共和国农产品质量安全法》等法律法规，制定本办法。

第二条 本办法所称食用农产品是指供食用的源于农业的初级产品。食用农产品合格证（以下简称合格证）是指食用农产品生产经营者对所生产经营食用农产品自行开具的质量安全合格标识。食用农产品合格证视同于产地证明、购货凭证和合格证明文件。合格证的开具、使用、查验以及相关管理等行为，适用本办法。

生鲜乳依据《生鲜乳生产收购管理办法》执行。

第三条 县级以上农业（含畜牧兽医、渔业，下同）行政主管部门及所属的农产品质量安全监督管理机构负责合格证的推动、指导和服务工作。鼓励各地根据实际情况，建立本辖区内开具合格证的食用农产品生产经营者名录。

第四条 食用农产品生产经营者对其生产经营的食用农产品的质量安全负责。食用农产品交易后，持有者对其持有的食用农产品的质量安全负责。

第五条 食用农产品生产经营者应根据实际情况采取以下方式之一作为开具合格证的依据，确保其生产经营食用农产品的质量安全，对合格证的真实性负责。

（一）自检合格；

（二）委托检测合格；

（三）内部质量控制合格；

（四）自我承诺合格。

第六条 合格证应至少包括以下内容，参考样式附后。

（一）产品名称和重量；

（二）食用农产品生产经营者信息（名称、地址、联系方式）；

（三）确保合格的方式（指第五条中所列的方式）；

（四）食用农产品生产经营者盖章或签名；

（五）开具日期。

食用农产品生产经营者可根据产品、包装的实际情况调整合格证大小尺寸。

第七条 预包装食用农产品应当将合格证放置包装内或加贴在包装上。散装食用农产品应当以运输车辆为单位，实行一车一证或一品一证。

第八条 食用农产品生产经营者应当建立合格证开具的档

案记录，并至少保存两年。

第九条 食用农产品生产经营者销售食用农产品时应当附合格证。以下几种证明材料可视同合格证，不必重复开具。

（一）无公害农产品、绿色食品、有机农产品及地理标志农产品有效期内的认证证书或登记证书复印件；

（二）有效的食用农产品质量安全追溯标签；

（三）肉品品质检验合格证章。

第十条 违反本办法规定的，县级以上农业行政主管部门及其所属的农产品质量安全监督管理机构应加强督促、指导和教育。对于虚假开具合格证的，纳入生产经营主体信用记录。

第十一条 本办法自 2016 年 7 月 22 日起施行。

附：食用农产品合格证参考样式

合格证
产品名称和重量：________________
生产者：________________
确保合格的方式：________________
生产者盖章或签名：________________
开具日期：________________

注：1.“生产者”一栏需填写名称、地址、联系电话等信息。

2.“确保合格的方式”指自检合格、委托检测合格、内部质量控制合格、自我承诺合格中的一种或多种。